ALLIANCE DES ARTS.

CATALOGUE

DES

LIVRES D'ART,

DE NUMISMATIQUE, ETC.,

ET DES RECUEILS D'ESTAMPES,

Provenant de la bibliothèque

DE FEU M. L.,

PEINTRE DU ROI.

La vente se fera les mardi 11 et mercredi 12 avril, à six heures du soir, maison Silvestre, rue des Bons-Enfants, n° 30, salle du rez-de-chaussée,

Par le ministère de Mrs COMMENDEUR et BATAILLARD, comm.-priseurs,

Assistés de M. COLOMB DE BATINES, libraire.

PARIS,

ADMINISTRATION DE L'ALLIANCE DES ARTS,

RUE MONTMARTRE, 178.

1843

AVERTISSEMENT.

Ce catalogue, peu nombreux, renferme quelques belles éditions de classiques, quelques beaux exemplaires, quelques ouvrages précieux, et plusieurs recueils importants de gravures. Nous citerons seulement les numéros suivants : 6. Les Provinciales, Elzev., 1657, mar. r. — 10. Collection de Moralistes, 12 vol., p. in-18, mar. r. — 28-30. Recueil des ouvrages publ. par les Saints-Simoniens, de 1830 à 1833. — 44. Description d'un pavé mosaïque, par A. Laborde, in-fol, atlant., fig. color. — 45. OEuvres du Titien, du Tintoret, etc., in-fol. max. — 46. OEuvres de Jacques Callot et de la Bella, environ 500 pièces d'anciennes épreuves — 47. OEuvre de Roblin, in-fol. — 48. Recueil d'eaux-fortes de Dunoyv. — 50. Recueil de lithographies, par Boilly. — 50 *bis.* Quadrille de Marie Stuart, in-fol., recueil très-précieux qui n'a presque jamais paru dans les ventes. — 51. Album cosmopolite par Al. Vattemare, 20 livr. in-fol. — 54. Suite de portraits pour les Lettres de Mme de Sévigné, épreuves eaux-fortes et avant toute lettre. — 62 *bis.* Lithographies allemandes par Strixner. — 61. Excursion sur les côtes et dans les ports de Normandie, par Bonington, in-fol. — 73. Botanique de J. J. Rousseau, avec figures d'après Redouté. — 79. OEuvres de La Fontaine, 6 vol., mar. r. — 80. OEuvres de Boileau, 4 vol., mar. bl. — 67. Gab. Faerni fabulæ, in-4, mar. r. — 99. La divina Comedia, 3 vol. in-fol., édit. de Bodoni. — 125. Théâtre français au moyen âge, exempl. en grand pap. vél. — 146. Amours d'Ismène et d'Isménias, mar. bl. — 146. Histoires ou Contes du temps passé, par Perrault, mar. r. — 161. Histoire des empereurs, par Lenain de Tillemont. — 203. Lettres bougrement patriotiques du véritable père Duchesne, 4 v. in-8. — 204. La Trompette du père Duchesne, 96 n^os. in-8. — 205. Journal du bonhomme Richard, 70 n^os. — 214-228. Ouvrages sur l'histoire de Paris et des provinces. — 232. Recueil d'antiquités, par le comte de Caylus. — 242. Pierres gravées par Bern. Picard, phil. de Stosch. — 250. Mélanges de numismatique et d'histoire, par Marchant; très-rare. — 252. Revue de la Numismatique française, sept années. — 257. Descript. catalogue of rare and unedited roman coins..., by Akerman, 2 vol. in-4. — 258. Iconographie romaine, par le chev. Visconti, 4 vol. in-4 et atlas in-fol. — 260. Traité des monnoies des barons, par Tobiesen-Duby. — 262. Traité des monnoies de France, par Le Blanc. — 272. Mélanges, 12 vol. in-8, recueil factice composé de pièces très-curieuses, etc.

On pourra voir les livres le matin de chaque vacation, depuis une heure jusqu'à trois. Tous les ouvrages devront être collationnés dans la salle de vente dans les vingt-quatre heures qui suivront l'adjudication ; mais ce délai passé, ou les livres une fois sortis de la salle de vente, on ne sera admis à aucun rapport. Les acquéreurs payeront, en sus du prix d'adjudication, cinq centimes par franc, applicables aux frais.

Le libraire chargé de la vente remplira les commissions qui lui seront adressées : ces commissions peuvent aussi être envoyées à MM. les commissaires-priseurs susnommés, ou à l'administrateur de l'*Alliance des Arts.*

Il sera vendu plusieurs lots de livres non catalogués au commencement de chaque vacation.

CATALOGUE
DE LIVRES.

—◆—

SCIENCES ET ARTS.

1. *Religion, philosophie, Morale, etc.*

1. Abrégé de l'Origine de tous les Cultes, par Dupuis. *Par.,
H. Agasse*, an VI, in-8, br. en cart.

2. Biblia sacra. *Impressa Veneliis operâ atque impensa (sic)
Theod. de Reynsburch et Reynaldi de Novimagio, 1478.* p.
in-fol., goth., initiales en couleur, bas. (Quelq. feuill. raccom-
modés.)

3. Le Nouveau Testament, trad. par Le Maistre de Sacy. *Par.,
F. Didot*, 1818, in-8, v. rac.

4. Heures en latin; édit. goth. de Simon de Vostre; in-8, fig.
sur bois, bas. bl. fil.
    Exemplaire sur vélin, avec lettres en or et en couleurs; le dernier
    feuillet manque.

5. Lettres d'Abailard et d'Héloïse, trad. sur les Mss. de la Bibl.
roy., par E. Oddoul; précédées d'un Essai histor. par M. et
Mᵐᵉ Guizot. *Par., E. Houdaille*, 1839, 2 vol. gr. in-8, fig.
sur bois, br.

6. Les Provinciales, ou les Lettres écrites par Louis de Montalto
à un provincial de ses amis et aux RR. PP. Jésuites, sur le
sujet de la morale et de la politique de ces Pères (par Blaise
Pascal). *Cologne, chez P. de La Vallée. (Amst., Elz.,)* 1657,
pet. in-12, mar. r., fil., tr. d.
    Joli exemplaire.

7. Lettres écrites à un provincial, par Blaise Pascal, précédées
d'une Notice par Villemain. *Par., Emler*, 1829, in-8, br.

8. Les Soirées de Saint-Pétersbourg, ou Entretiens sur le gouvernement temporel de la Providence..., par le comte J. de Maistre.
Lyon, Pélagaud, 1840, 2 vol. in-8, br.

9. Les Vies des plus illustres philosophes de l'Antiquité, trad.
du grec de Diogène Laerce (par de Chauffepié), auxquelles
on a ajouté la Vie de l'auteur, celle d'Epictète, de Confucius, etc.
Amst., J. H. Schneider, 1761, 3 vol. p. in-12, bas.

10. Collection des Moralistes anciens (Epictète, Confucius, div.
auteurs chinois, Isocrate, Sénèque, Cicéron, Théophraste,
Théognis, Socrate, trad. par Lévêque et autres). *Par.,
Didot l'aîné*, 1782 et suiv., 12 vol. p. in-18, pap. fin, mar.
r., fil., tr. d.
    Joli exemplaire de la bibliothèque de M. Mionnet.

11. La Morale d'Épicure, tirée de ses propres écrits, par l'abbé Batteux. *Par.*, *Desaint*, 1758, in-8, fig., bas.

12. ΕΠΙΚΤΗΤΟΥ ΕΓΧΕΙΡΙΔΙΟΝ, curante J. B. Lefebvre de Villebrune. *Par.*, *P. D. Pierres*, 1782, pet. in-16, mar. r., tr. d., *armes.*

13. M. Tullii Ciceronis Cato major, ad T. Pomponium Atticum. *Lutetiæ*, *Jos. Barbou*, 1758, in-18, portr., mar. r., fil., tr. d.

14. De la Sagesse, trois livres par P. Charron. *Leyde*, *J. Elzevir*, 1656, pet. in-12, v. br., fil.

15. Le même ouvrage, avec Sommaires et Notes explic., histor. et philos., par Amaury Duval. *Par.*, *Chassériau*, 1820, 3 vol. in-8, br.

16. Pensées de Blaise Pascal, suiv. d'une nouv. table analyt. *Par.*, *Emler*, 1829, in-8, br.

17. Méditations métaphysiques et Correspondance de N. Malebranche avec J. J. Dortous de Mairan, sur des sujets de métaphysique, publ. sur les Mss. orig. (par Feuillet de Conges). *Par.*, *Delloye*, 1841, in-8, br.

18. Le bon Sens puisé dans la nature, suivi du Testament du curé Meslier. *Par.*, *Bouqueton*, l'an Ier de la Rép., 2 vol. in-18, d.-r.

19. Système de la Nature, ou des Loix du monde physique et du monde moral, par Mirabaud (ou plutôt le baron d'Holbach). *Londres*, 1770, 2 vol. in-8, v. éc. fil.

20. — Le même ouvrage. *Par.*, *an II de la Rép.*, 6 tom. en 3 vol. in-18, d.-r.

21. De la Philosophie de la Nature, ou Traité de morale pour l'espèce humaine... (par Delisle de Sales). *Londres*, 1777, 6 vol. in-8, fig., bas.

22. OEuvres philosophiques de Saint-Lambert. *Par.*, *H. Agasse*, an IX, 5 vol. in-8, d.-r.

23. De l'Homme, de ses Facultés intellectuelles et de son Éducation, œuvr. posth. d'Helvétius. *Londres*, *Soc. typ.*, 1773, 2 vol. in-8, v. éc. fil.

24. De l'Homme et de la Femme considérés physiquement dans l'état du mariage, par de Lignac. *Lille*, 1773, 2 vol. in-12, bas. m.

25. De l'Amour selon les lois primordiales et selon les convenances des sociétés modernes, par de Senancour. *Par.*, *Vielh de Boisjolin*, 1829, in-18, d.-r.

26. Les Caractères de La Bruyère, suiv. des Caractères de Théophraste, trad. du grec par le même, précéd. d'une Notice par J. Simonnin. *Par.*, *Emler*, 1829, 2 vol. in-8, br.

27. Raison, Folie, chacun son mot; petit Cours de morale mis à la portée des vieux enfants, par P. E. L. (Lemontey). *Par.*,

Delerville, 1801. — L'Ane promeneur, ou Critès promené par son âne; chef-d'œuvre pour servir d'apologie au goût, aux mœurs, etc. du siècle (par Gorsas). *A Pampelune, chez Démocrite, impr. ordin. de S. A. S. Falot Momus, au Grelot de la Folie (Par., l'auteur)*, 1788, 2 vol. en 1 in-8, d.-r.

> Avec deux signatures de De Guerle.

28. Nouveau Christianisme, dial. entre un conservateur et un novateur (par de Saint-Simon). *Par., Bossange*, 1825, in-8 (91. p.).

29. — Le même, suiv. des Lettres de E. Rodrigues sur la religion et la politique, etc. *Par.*, 1832, in-8, br.

30. Religion saint-simonienne : —1830. — Lettre au présid. de la Chambre des députés (par Bazard-Enfantin) (8 p.). — 1831. — Considér. sur la politique de la France depuis la révol. de 1830, par Laurent (63 p.). — Réunion générale de la famille, 19 et 20 nov. (154 p.).—Cérémonie du 27 novembre (24 p.). — Prédication du 11 décembre, par Abel Transon (20 p.). — L'Organisateur, gazette des saint-simoniens; du 23 avril au 13 août (nᵒ 36 à 52).—1832. — Poursuites dirigées contre notre père suprême Enfantin et contre Olinde Rodrigue (40 p.). — Affranchissement des femmes, prédication du 1ᵉʳ janvier, par Abel Transon (10 p.). — Discussions mor., polit. et relig. qui ont amené la séparation qui s'est effectuée au mois de novembre 1831 dans le sein de la société saint-simonienne. 1ʳᵉ partie. Relat. des hommes et des femmes (30 p.).—A M. Enfantin (par Toussaint), 12 févr. (8 p.). — La Vendée, la presse, le jardin des Tuileries (par Ch. Lemonnier), mai (4 p.). — Morale : réunion génér. de la famille; enseignement du père suprême; les trois familles (207 p.). — A tous (33 p.). — Recueil de prédications, t. I (601 p.). — Economie politique, et Politique, extr. du *Globe* (180 p.). — La mairie, le mariage (par Ch. Béranger), 2 juin (4 p.). — L'émeute (par le même), 7 juin (4 p.). — Evénements d'hier, avenir des partis (par C. Lemonnier), 7 juin. — L'émeute, le travail (par C. Béranger), 9 juin (4 p.). — Politique industrielle et système de la Méditerranée (150 p.). — La prophétie, extr. du *Globe* (114 p.). — Nécessité d'un nouveau parti politique (par Freslon), Angers, 30 juill. (4 p.). — Lettre à Hawke (par le même), 19 août. — A Lyon! (8 p.) — Procès en la cour d'assises de la Seine, les 27 et 28 août; portr. (405 p.). — A Paris! barrière d'Italie, 15 déc. (7 p.). — Chansonnier saint-simonien (12 p.). — 1833.—Pensées relig. par un saint-simonien croyant à l'égalité de l'homme et de la femme. *Angers* (50 p.). — Communication des deux mers, par H. Fournel. *Marseille* (8 p.).

> La plupart de ces pièces sont aussi rares que les ouvrages de Postel et de madame Guyon.

31. Lettres de Junius (H. Boyd), trad. avec notes hist. et polit. par J. T. Parisot. *Par., Pichon*, 1830, 2 vol. in-8, br.

32. La Politique naturelle, ou Discours sur les vrais principes du gouvernement, par un ancien magistrat (le baron d'Holbach). *Londres*, 1773, 2 vol. in-8, mar., r. fil., tr. d.

33. Système social, ou Principes naturels de la morale et de la politique..., par l'auteur du *Système de la nature* (le baron d'Holbach). *Londres*, 1774, 2 tom. en 1 vol. in-8, v. éc.

34. Des Lettres de cachet et des Prisons d'Etat, ouvr. posth. composé en 1778 (par Mirabeau, ou par son oncle le bailli de Mirabeau). *Hambourg*, 1782, 2 part. en 1 vol. in-8, d.-r.

35. La Constitution française décrétée par l'Assemblée nationale constituante aux années 1789, 1790 et 1791. *Par., Garnery*, 1791, in-18, pap. vél., v. éc., fil., tr. d.

36. Essai sur l'organisation démocratique de la France, par A. Billiard. *Par., Ollivier*, 1837, in-8, br.

37. Traité de statistique, ou Théorie de l'étude des lois..., par P. A. Dufau. *Par.*, 1840, in-8, br.

38. Icones Plantarum medicinalium (cum explicat. Jani Panci). Abbildungen von Arzneygewaechsen... *Nurnberg, Nossen der Raspischen Buchhandlung*, 1784-90, 6 vol. in-8, 600 fig. col., v. dent.

II.' *Beaux-Arts; vignettes et livres à figures.*

39. Le Spectacle des Beaux-Arts, ou Considérations sur leur nature, leurs objets, etc., par Lacombe. *Par., Hardy*, 1758, in-12, v. m.

40. Le Costume, ou Essai sur les habillements et les usages de plusieurs peuples de l'antiquité, prouvé par les monuments, par André Lens. *Liège, J. F. Bassompierre*, 1776, in-4, 51 pl., v. éc.

41. Du Laocoon, ou des limites respectives de la poésie et de la peinture, trad. de l'allem. de G. E. Lessing, par Ch. Vanderbourg. *Par., Ant.-Aug. Renouard*, 1802, in-8, fig., d.-r.

42. Di un Busto colossale in marmo di Caio Cilnio Mecenate... illustraz. del P. E. caval. dei Visconti, Leop. Cicognara, Melch. Missirini, et Raoul-Rochette. *Par., F. Didot*, 1837, in-8, 1 pl., d.-r.

43. Sur la statue antique de Vénus Victrix découverte dans l'île de Milo..., par le comte de Clarac. *Par., P. Didot*, 1821, in-4, 2 pl., d.-r.

44. Description d'un Pavé de mosaïque découvert dans l'ancienne ville d'Italica, près de Séville, suivie de Recherches sur la Peinture en mosaïque chez les anciens....; par Alex. Laborde, *Par., P. Didot*, 1802, in-fol. atlant., pap. vél., XXIII pl., la plupart color.; v. vert, riche dent., tr. d.
   Bel exemplaire.

45. Titiani Vecelii, Pauli Cagliarii, Jacobi Robusti et Jacobi de Ponte Opera selectiora, a Joanne Baptista Jackson anglo ligno cœlata et coloribus adumbrata. *Venetiis, J.-B. Pasquali*, 1745, in-fol. max., bas.

46. OEuvre de Jacq. Callot et de La Bella ; in-fol., d.-r.

Environ 500 pièces d'anciennes épreuves, très-bien conservées, entre autres : Les grandes misères de la guerre, 18 pièces. — Vues de la Tour de Neslo, 2 p. — Parterre du palais de Nancy. —Le Jubilé de 1625. — Les Emblèmes, 27 p. — La petite Passion, 12 p. — Les pénitents et pénitentes, 6 p. — Les Fantaisies, 14 p. — Les Gueux, 25 p. — Les Monnoies. — Exercices militaires, 13 p. — Le Massacre des Innocents. — Vita et historia beatæ Mariæ virginis, 14 p. — La Noblesse, 12 p. —Martyrium apostolorum, 16 p. — Balli di Sfessania, 24 p. — Variæ tam passionis Christi tam vitæ beatæ Mariæ virginis, 20 p. (sans titre). — Nouveau Testament, 11 p. — Le martyre des douze apôtres, 13 p. —Salvatoris, beatæ Mariæ virginis, sanctorum apostolorum icones, 16 p. — Les médailles. — Varie figure Gobbi, 20 p. — Les petites misères de la guerre, 7 p. — Lux claustri, 17 p. — Divers dessins tant pour la paix que pour la guerre, 9 p. — Castello S. Angelo. — Livre pour apprendre à dessiner, 10 p.—Exercices militaires, 8 p.— Diverses paysages, 9 p. — Vues d'Avignon et de Lyon, 6 p. — Agréable diversité de figures, 11 p.—Caprice, 13 p. — Vues de Paris et de France, 6 p. — Plusieurs testes coiffées à la persienne, 12 p. — Ornament on grottesche, 12 p. — Divers embarquements, 6 p. — Dessins de quelques conduites de troupes, etc., 12 p. — Diveres (sic) exercices de cavalerie, 6 p. etc.

47. OEuvre de Norblin (74 pièces gravées à l'eau-forte, la plupart d'après Rembrandt) ; in-fol., d.-r.
Dernières épreuves.

48. Recueil d'eaux-fortes de Dunouy, précéd. de son portr.; in-4, d.-r.
Vingt-neuf pièces, la plupart en épreuves de choix.

49. Recueil d'objets d'art et de curiosités, dessin. d'après nature (*sic*) par T. de Jolimont et J. Cagniet, grav. à l'eau-forte par Car. Naudet. *Par., Leloutre*, 1837, in-fol., d.-r.
Quarante-deux pièces tirées sur papier de Chine.

50. Recueil de lithographies coloriées, par L. Boilly (100); d.-r.

50 *bis*. Quadrille de Marie Stuart, 2 mars 1829 (*Par.*). 28 lith. d'après les dessins d'E. Lamy, et color., in-fol., d.-r.
Ce quadrille fut dansé dans le bal costumé de la duchesse de Berry. Le recueil des costumes n'a pas été mis dans le commerce, et on en a vu passer peu d'exemplaires dans les ventes.

51. Album cosmopolite, ou Choix des collect. d'Alex. Vattemare, compos. de sujets histor., paysag., marines. etc., par les principaux artistes de l'Europe, accomp. de fac-simile d'autogr.; *Par., H. L. Delloye*, 1839 et suiv., 20 livr. gr. in-fol., pap. vél., fig. sur pap. de Chine.

52. **Suite de 9 vignettes pour la Satire Ménippée.**
Première épreuve av. toute lettre, sur pap. de Chine, in-fol.

53. **Diverses gravures représentant des camées antiques:** *Claude et sa famille*, grav. par Forster, d'après Laguiche, av.-lett.; *Septime Sévère et sa famille*, grav. par le même, d'après le même, av.-lett.; *Germanicus; Germanicus et Agrippine*, etc.

54. **Suite complète de 25 portr. grav. pour les Lettres de Mme de Sévigné.**
Epreuves av. toute lettre, sur pap. de Chine, in-fol.

55. **— Autre suite des mêmes portraits.**
Epreuves d'artiste non terminées, eaux-fortes, sur pap. de Chine, in-fol.

56. **Collection de 68 portraits gravés, in-4, pour les Mémoires du siècle de Louis XIV et pour l'histoire contemporaine.**

57. **Portrait d'Horatius Flaccus, grav. par Jehotte, d'après Devéria.**
Epreuve av. la lettre, sur pap. de Chine, in-fol.

58. **Portrait de Montesquieu, grav. par Muller d'après Devéria.**
Epreuve av. la lettre, sur pap. de Chine, in-fol.

59. **Portrait du cardinal de Bernis.**
Epreuve eau-forte et épreuve av. lett., tirées in-fol.

60. **Musée Dantan, galerie des charges et croquis des célébrités de l'époque, avec texte explic. et biogr.** (par L. Huard). *Par., Delloye,* 1839, gr. in-8, fig., d.-r.

61. **Fisher's Juvenile Schrap-book, 1838, by Agnes Strickland and Bernard Barton.** *London, Fisher,* in-8, pap. vél., fig., toile viol.

62. **Galerie des Femmes de Shakspeare, collect. de 45 portraits grav. par les premiers artistes de Londres, enrichie de notices crit. et littér.** (par le bibl. Jacob). *Par., Delloye,* gr. in-8, pap. vél., mar. viol., fil., fers à fr.

62 *bis.* **6 lithographies, in-fol. atlant. du grand ouvr. sur les vieux peintres allemands, par J.-N. Strixner.**
Ces belles planches sont très-rares en France.

62 *ter.* **Gravures à l'eau-forte, allemandes, signées D. B. 1790, in-fol.**

63. **Suite de 30 vignettes anglaises, in-4. Sujets divers.**

64. **Excursion sur les côtes et dans les ports de Normandie** (40 pl. dessin. par Bonnigton et Luttringhausen, grav. à l'aqua-tinte par les meilleurs artistes angl.). *Par., Osterwald,* in-fol., pap. vél., carton.

64 *bis.* **Voyage aux Hermitages des Pyrénées orientales, dessin. par le chev. de Basterot, lith. par A. Bayot:** *Perpignan, C. Aubry,* 1827, 8 livr. gr. in-4, 32 pl.

65. **Voyage pittoresque de la Flandre et du Brabant, avec des

réflex. relat. aux arts, et quelq. gravures par J. B. Descamps. *Par., Desaint*, 1769, in-8, fig., v. rac.

66. Nuovo studio di pittura, scoltura ed architettura nelle chiese di Roma, palazzo Vaticano, di monte Cavallo ed altri, dell' abate Fil. Titi...., *Roma, Tinassi*, 1721, pet. in-12, vél.

67. Raccolta delle principali Fontane di Roma, desseg. et intagl. da Dom. Parasacchi. *Roma*, 1647, XLIV pl. — Antiquarum Statuarum urbis Romæ primus ac secundus liber, a Jacomo Marcucci. (*ibid.*) *G. B. Rossi*. L pl. ; 2 part. en 1 vol. in-4, v. f., fil.

68. Raccolta degli antichi Monumenti nella città di Pesto... *Roma, Agap. Franzetti*, VII pl. — Raccolta degli ant. Monum. fra Puzzolo, Cumo e Baja. *Ibid., id.*, XI pl. — Raccolta degl. ant. Monum. fra Girgenti, Segeste e Selinunte. *Ibid., id.*, V p. — Vedute nel regno di Napoli, IV pl. ; le tout en 1 vol. in-4 obl., d.-r.
   Epreuves de premier tirage.

69. Souvenirs de la Sicile, par le vicomte Alp. de Morogues ; lithogr. par Ferréol, Ch. Pensée et Vanderburch, d'apr. les dess. de l'auteur. *Orléans, Gatineau*, 1836, p. in-fol., pl. (24).

70. Nouvelle collection de Costumes suisses (texte franç. et allem.) d'après les dessins de Kœnig, Lory, etc. *Zuric, Fuessli*, s. D., in-18, fig. color., carton. fil., tr. d.

71. Monuments des grands-maîtres de l'ordre de Saint-Jean de Jérusalem, etc., accomp. de notices histor. par le vicomte L. F. de Villeneuve-Bargemont. *Par., J. J. Blaise*, 1829, 2 vol. in-8, pap. vél., fig., br.

---

72. L'art de peindre les fleurs à l'aquarelle, précéd. d'un Traité de botanique...., orné d'un choix des plus belles fleurs grav. d'après les dessins de Mlle Aug. Dufour. *Par., Lequien*, 1834, in-4, pl. color. (36), d.-r.

73. La Botanique de J. J. Rousseau, ornée de 65 pl. d'après Redouté. *Par., Delachaussée*, 1805, in-fol., pap. vél., d.-r., non rogné.

---

74. Vita di Benvenuto Cellini, da lui medesimo scritta. *Pisa, Nic. Capurro*, 1824, in-12, d.-r.

75. Vies des premiers peintres du roi, depuis Lebrun jusqu'à présent (par Lépicié). *Par., Durand*, 1752, 2 tom. en 1 vol. pet. in-8, cart.

LITTÉRATURE.

1. *Dictionnaires, Polygraphie.*

76. Dictionnaire universel de la langue française, avec la prononciation figurée, par C. M. Gattel. *Lyon, Mme J. Buynand*, 1819, 2 vol. in-4, d.-r.

77. Nouveau dictionnaire de poche franç.-allem. et allem.-français, par J. Martin. *Leipzig*, pet. in-12 carré, d.-r.

——————

78. Supplément au Cours de littérature, ou Choix de jugements des écrivains français (recueill. par Fayolle). *Par.*, *E. Ledoux*, 1822, 2 vol. in-18, d.-r.

——————

79. OEuvres complètes de La Fontaine, précéd. d'une notice (par L. S. Auger). *Par.*, *Lefèvre*, 1818, 6 vol. in-8, pap. vél., fig. av. lett., mar. r., riche dent., tr. d. (*Bibolet*).
    Bel exemplaire.

80. OEuvres de Boileau, avec un nouveau Commentaire, ar Amar. *Par.*, *Lefèvre*, 1821, 4 vol. in-8, gr. pap. vél., fig. av. la lett., mar. bl., double dent., tr. d. (*Bibolet*).
    Très-bel exemplaire.

81. OEuvres du comte Antoine Hamilton. *Par.*, *A. A. Renouard*, 1812, 3 vol. in-8, br.

82. OEuvres de Montesquieu. *Par.*, *Bernard et Grégoire*, 1796, 5 vol. in-4, pap. vél., fig., d.-r.

83. OEuvres choisies de Thomas, précéd. d'une Notice par Garat. *Par.*, *F. Didot*, 1822, 6 vol. in-8, portr., br.

84. OEuvres badines et morales, histor. et philos. de J. Cazotte. *Par.*, *J. F. Bastien*, 1817, 4 vol. in-8, fig., d.-r.

85. OEuvres choisies d'Ant. P. Aug. de Piis. *Par.*, *Brasseur*, 1810, 4 vol. in-8, portr., d.-r.

86. OEuvres choisies de P. Laujon. *Par.*, *L. Colin*, 1811, 4 v. in-8, d.-r.

87. OEuvres de Casimir Delavigne. *Par.*, *Furne*, 1833, 5 vol. gr. in-8, fig., dos et coins de mar. r.

88. OEuvres de F. de Lamennais: Essai sur l'indifférence en matière de religion. *Par.*, *P. Daubrée*, 1835, 4 vol. — Premiers et seconds Mélanges. *Ibid.*, id., 1835, 2 vol. — De la Religion consid. dans ses rapports avec l'ordre polit. et civil. *Ibid.*, id., 1835. — Des progrès de la Révolution et de la guerre contre l'Eglise. *Ibid.*, id., 1829. — Affaires de Rome. *Ibid.*, *Cailleux*, 1836 ; en tout, 10 vol. in-8.

II. *Poésie.*

89. OEuvres d'Homère, avec remar., trad. par P. J. Bitaubé. *Paris*, *Tenré*, 1822, 4 vol. in-12, br.

90. L'Iliade d'Homère, traduc. nouv., précéd. de réflex. sur Homère, par Bitaubé ; *Par.*, *Prault*, 1764, 2 vol. in-8, fig., v. m.

91. La Batrachomyomachie d'Homère, trad. (texte gr. en regard) par J. Berger de Xivrei, seconde édit. augm. d'une Dissertat. trad. de l'ital. du comte Leopardi, et de la Guerre comique,

ancienne imitation en vers burlesques. *Par.*, *Arthus Ber-trand*, 1837, in-18, pap. vél., portr., d.-r.

92. Ulysse-Homère, ou du véritable Auteur de l'*Iliade* et de l'*Odyssée*, par Constantin Kollades. *Par.*, *Debure*, 1829, in-fol., pap. vél., xx pl., cart.

93. L'Expédition des Argonautes, ou la Conquête de la Toison d'Or, poëme en 4 chants, par Apollonius de Rhodes, trad. par J. J. A. Caussin. *Par.*, *Moutardier*, an V, in-8, v. rac.

94. Les Géorgiques de Virgile, trad. en vers (texte en regard), enrich. de Notes, par Delille. *Par.*, *C. Bleuet*, 1770, gr. in-8, pap. de Holl., fig. av. la lett., mar. v., fil., tr. d.
   Bel exemplaire.

95. Les Poésies d'Horace, trad. avec Remarq. et Dissert. crit., par le P. Sanadon. *Amst.*, *Arkstée et Merkus*, 1756, 8 vol. in-12, v. f., fil.
   Avec les passages libres.

96. Seconde guerre Punique, poëme de Silius Italicus, par Le-febvre de Villebrune. *Par.* (*Panckoucke*), 1781, 3 vol. in-12, bas. cor, fil.

97. Gabrielis Faerni cremonensis Fabulæ centum, ex antiq. auc-toribus delectæ, carminibus explicatæ... (avec la trad. en vers, par Perrault). *Londini, Guill. Darres*, 1743, in-4, fig. de Clau du Bosc, mar. r., fil., tr. d.
   Bel exemplaire.

98. Phædri fabulæ et Publ. Syri sententiæ. *Paris.*, *ex typogr. regia*, 1729, in-18, front., mar. r., tr. d.

99. La Divina Comedia di Dante Allighieri. *Parma, nel'regal palazzo, co tipi Bodoniani*, 1795, 3 vol. in-fol., pap. vél., d.-r., non rogné.
   Précieuse édition.

100. La Divine Comédie de Dante Allighieri, trad. en vers, par Antoni Deschamps. *Par.*, *Ch. Gosselin*, 1829, in-8, fig., d.-r.

101. Il Petrarca, con nuove e brevi Dichiarationi. *In Lione*, *Gugl. Rouillio*, 1551, pet. in-16, vél. bl.

102. Le Rime di messer F. Petrarca, le Stanze e l'Orfeo del Poliziano, con note di diversi, per diligenza e studio di Ant. Buttura. *Parigi, Baudry*, 1830, in-8, gr. pap. vél., portr., d.-r., non rogné.
   Bel exemplaire.

103. Nimfale fiesolano, nel quale si contiene l'innamoramento di Africo e Mensola, poemetto in ottava rima di Giov. Boccaccio. *Par.*, *Molini*, 1778, pet. in-12, v. éc., fil., tr. d.

104. Il Goffredo, overo Gierusalemme liberata, poema heroico del Torquato Tasso, con l'Allegoria universale del istesso, et con gli argomenti del Horatio Ariosti. *Amst.*, *D. Elzevir*, 1678, 2 vol. pet. in-16, fig., v. br.

105. Roland furieux, poëme héroïque de l'Arioste (avec le texte ital.), trad. par Panckoucke et Framery. *Par.*, *Plassan*, 1787, 10 vol. in-18, d.-r.

106. Ricciardetto di Niccolo Carteromaco. *Milano*, *G. Bernardoni*, 1813, 3 vol. in-8, pap. vél., br.

107. Les OEuvres de Clément Marot, de Cahors, vallet de chambre du roi. *Lyon*, *J. de Tournes*, 1549, 2 part. en 1 vol. in-16, fig. sur bois, v. br., fil., tr. d. (mouillé).
    Cette édition, faite peu de temps après la mort de l'auteur, renferme beaucoup de pièces qui n'avaient pas encore paru : « Depuis peu de jours en çà, dit l'éditeur, j'ai recouvert plusieurs choses de lui, lesquelles tu jugeras asseurément venues de sa forge, si tu les daignes lire. »

108. Satyres nouvelles (par de Senecé). *Par.*, *P. Aubouyn*, 1695, pet. in-12, v. f., fil., tr. d. (*Kœhler*).
    Très-rare. — Joli exemplaire.

109. OEuvres badines de Robbé de Beauveset. *Londres (Par.)*, 1801, 2 vol. in-18, d.-r.

110. Les A-propos de société, ou Chansons de M. L. (Laujon). — Les A-propos de la Folie, ou Chansons grotesques, grivoises (par le même). 1770, 3 vol. in-8, pap. de Holl., fig. de Moreau, mar. v., fil., tr. d.

111. La Pucelle d'Orléans, poëme en 21 chants, par Voltaire. *Paris*, an VII, fig., d.-r.

112. OEuvres de J. Delille, nouv. édit. (avec notes et notices). *Par.*, *Michaud*, 1824, 16 vol. in-8, fig. et fac-sim., d.-r.

113. Fables de Florian, illustr. par Victor Adam, précéd. d'une Notice par Ch. Nodier. *Par.*, *Delloye*, 1838, in-8, toile r.

114. OEuvres complètes de P. J. de Béranger, illustrees par Grandville. *Par.*, *H. Fournier*, 1840, gr. in-8, fig. sur bois, d.-r.

115. L'Alexandréide, ou la Grèce vengée, poëme en 24 ch., par P. David. *Par.*, *F. Didot*, 1829, 2 vol. in-8, d.-r.

116. Poëmes antiques et modernes, par le comte A. de Vigny. *Par.*, *Delloye*, 1837, in-8, d.-r.

117. Heures de l'Enfance, poésies par Mme Virg. Orsini. *Par.*, *Delloye*, 1836, gr. in-8, fig. et mus., mar. r., fers à fr., tr. d.

118. Poésies par Jean Reboul, précéd. d'une notice hist. (par Defrène). *Par.*, *Delloye*, 1840, in-12, portr., d.-r.

119. Poésies européennes, ou Etudes sur Alfieri, Burger, Robert Burns, Gay, Gonzaga, etc., par Léon Halevy. *Par.*, *Ladvocat*, 1828, in-8, carton.

120. La Balalayka, chants populaires russes, trad. par Paul de Julvécourt. *Par.*, *Delloye*, 1837, in-8, vignettes anglaises, br.

121. Vies de Milton et d'Addisson, auxquelles on a joint un Ju-

gement sur les OEuvres de Pope ; le tout trad. de l'angl. de Sam. Johnson (par Boulard). *Par., Perlet*, 1805, 2 vol. in-18, cart.

III. *Théâtre.*

122. Le Mimographe, ou Idées d'une honnête femme sur la réforme du Théâtre national, par Rétif de La Bretonne, *Amst., Changuyon*, 1770, in-8, d.-r.

123. Études sur l'art théâtral , suiv. d'anecd. inéd. sur Talma, et de la corresp. de Ducis avec cet artiste, par Madame veuve Talma, née Vanhove, maintenant comtesse de Chalot (revu par M. Villenave). *Par., H. Feret*, 1836, in-8, portr., d.-r.

124. Théâtre des Grecs, par le P. Brumoy. *Par., Cussac*, 1785-89, 13 vol. in-8, v. m.

125. Théâtre français au moyen âge , publ. d'après les Mss. de la Bibl. du Roi, par L. J. N. Monmerqué et Franç. Michel. *Par., Delloye*, 1839, gr. in-8 à 2 col., br.
Exempl. en grand pap. vél.

126. OEuvres de P. Corneille , avec les commentaires de Voltaire. *Par., A. A. Renouard*, 1817, 12 vol. in-8, br.

127. OEuvres choisies de P. Corneille. *Par., Emler*, 1829 , 5 vol. in-8, portr., br.

128. OEuvres de Crébillon. *Par., Didot l'aîné*, 1812, 3 vol. in-8 , pap. vél., v. vert, dent., tr. d.

129. Les mêmes (avec son éloge hist. par Crébillon fils). *Par., Renouard*, 1818, 2 vol. in-8, portr., br.

130. OEuvres de Rivière Dufresny. *Par., Barrois*, 1789, 4 vol. in-12, v. m. — Théâtre de Legrand (recueill. et mis en ordre par de Laporte). *Ibid.*, 1770, 4 vol. in-12, v. m.

131. OEuvres choisies de Dancourt, 5 vol. in-18; — de Favart, 8 vol., in-18 ; — de Saurin, de La Grange Chancel, de Chateaubrun et de Guimond de La Touche, 2 vol. in-18; édit. stéréot., d.-r.

132. Les Thermopyles , trag. de circonstance (par le comte d'Estaing). *Par., Didot*, 1791, in-8, v. rac., fil., tr. d.
Fort rare. — Cette tragédie, remarquable par les notes politiques qui la suivent, fut aussi attribuée à un M. de Larnac.

133. Recueil de pièces de Casimir Delavigne , in-8, d.-r.
Contenant : *La princesse Aurélie, Marino Faliero, Louis XI*, éditions originales.

134. Répertoire du théâtre de Madame. *Par., Baudouin*, 1828, 3 vol. in-32, pap. vél., fig., d.-r.
Contenant quinze pièces.

135. Aminta, favola pastorale di Torquato Tasso. *Par., G. C. Molini*, 1781 , in-12, carton.

136. Il Pastor fido, tragi-com. pastorale del Gio. B. Guarini. *Par., G. C. Molini*, 1782, in-12, v. éc., fil.

137. Opere drammatiche del Pietro Metastasio. *Venezia, Gior. Galti*, 1780, 8 vol. in-18, d.-r.

138. Opere teatrali dell' ab. Andrea Willi, Veronese. *Venezia, Dom. Pompeati*, 1780-83, 5 vol. pet. in-8, front., carton.
   Rare en France.

139. Vita di Vittorio Alfieri, scritta da esso. *Firenze, Molini*, 1822, in-18, fig., d.-r.

———

140. OEuvres dramatiques de Schiller, trad. de M. de Barante, précéd. d'une Notice biogr. et littér. *Par., Dufey*, 1836, 6 vol. in-8, br.

IV. *Romans.*

141. Dictionnaire de la Fable, ou Mythologie grecque, latine, égyptienne, etc., par Fr. Noël. *Par., Le Normant*, 1801, 2 vol. in-8, d.-r.

———

142. La Satyre de Pétrone, trad. en franç. avec le latin (par l'abbé Nodot). *Cologne, P. Groth*, 1694, 2 vol. in-12, fig., mar. v., fil., tr. d.

143. Les Pastorales de Longus, ou Daphnis et Chloé, trad. de J. Amyot, corrigée et complétée par P.-L. Courier (précéd. de la lett. à M. Renouard). *Par., A. Corréard*, 1821, in-8, br.

144. Di Caritone afrodisico, de' racconti amorosi di Cherea e di Callirroe, libr. otto tradotti dal greco da Giacomelli. *Par., N. Pissot*, 1781, in-8, v. rac.

145. Les Amours d'Ismène et d'Ismenias (trad. du grec d'Eumathe, par de Beauchamps). *La Haye (Par.)*, 1743, in-8, pap. de Holl., fig.—Les affections de divers amans, faictes et rassemblées par Parthenius de Nicée, ancien auteur grec, et nouvellement mises en françoys (par Jeh. Fournier; réimpr. en 1743 par Coustelier, sur l'édit. de 1555); 2 part. en 1 vol. p. in-8, mar. bl., tr. d., *chiffres.*

146. Histoires ou contes du temps passé, avec des moralités, par Perrault, nouv. édit., augmentée d'une nouvelle (par mademoiselle de Lhéritier). *La Haye (Par.)*, 1742, in-8, pap. fin, fig., mar. r, fil., tr. d.
   Le conte de *Peau d'Ane* ne se trouve pas dans cette édition, qui doit avoir été publiée par le comte de Caylus.

147. Les Amours du chevalier de Faublas, par Louvet de Couvray. *Par., A. Tardieu*, 1825, 4 vol. in-8, fig., d.-r.

148. Le Roman comique, par Scarron. *Par., Janet*, an 4e, 3 part. en 1 vol. in-8, fig. de Le Barbier, d.-r., non rogné.

149. Les Femmes, roman dialogué de Carmontelle, avec un Avant-Propos, par Picard. *Par., Delongchamps*, 1825, 2 vol. in-12, d.-r.

150. Histoire du roi de Bohême et de ses sept Châteaux (par Ch. Nodier). *Par., Delangle*, 1830, in-8; fig. sur b., br.

151. Napoléon, ou la Conquête du monde : 1812 à 1832; hist.
de la monarchie univ. *Par., Delloye,* 1836, in-8, br.

152 Histoire de Gil Blas de Santillane, par Le Sage. *Par. Janet.,*
an III, 4 vol. in-8, fig., d.-r.

153. I promessi sposi, storia milanese del secolo 17, da Aless.
Manzoni. *Firenze, Gugl. Piatti,* 1830, 3 vol. in-18, d.-r.

HISTOIRE.

1. *Géographie et histoire ancienne, histoire moderne.*

154. Atlas ou Recueil de Cartes géographiques (anciennes), publ.
par P.-F.-J. Gossellin. *Par., Imp. roy.,* 1814, gr. in-4, XLVI
cartes, d.-r.

155. L'Art de vérifier les dates des faits historiques, des chartes,
des chroniques et autres anciens monuments, depuis la naissance de N.-S., par le moyen d'une table chronol....., par
un religieux bénéd. de la cong. de Saint-Maur (dom F. Clément, d'après les travaux de D. D. d'Antine, Clémencet et Durand). *Par., Desprez,* 1770, in-fol., d.-r., non rogné.

156. Discours sur l'Histoire universelle, par Bossuet, édition
augm. des nouv. addit. et variantes. *Par., Emler,* 1829, 2 vol.
in-8, pap. vél., br.

157. Histoire d'Hérodote, trad. du grec, avec des Remarq. hist.
et crit., un Essai sur la chronol. d'Hérod. et une Table géogr.,
par Larcher. *Par., Musier,* 1786, 7 vol. in-8, v. éc., fil.

158. Histoire universelle de Diodore de Sicile, trad. en franç.,
par l'abbé Terrasson. *Par., De Bure,* 1737-44, 7 vol. in-12,
v., gr.

159. Histoire ancienne des Egyptiens, des Carthaginois, des As-
syriens, etc., par Rollin. *Par., Vᵉ Estienne,* 1731-38, 13 t.
en 14 vol. in 12, cart., v. m.

160. Voyages d'Anténor en Grèce et en Asie..., par E. F. Lantier. *Par., Buisson,* an VIII, 5 t. en 3 vol. in-18, fig., d.-r.

161. Histoire des Empereurs, et des autres princes qui ont régné
durant les six premiers siècles de l'Eglise...., justifiée par les
citations des auteurs originaux, par Lenain de Tillemont ; sec.
édit., corr. et augm. par l'auteur. *Par., Ch. Robustel,* 1700-38,
6 vol. in-4, v. br., *armes.*

162. Histoire de l'empereur Jovien et traduct. de quelq. ouvr.
de l'emp. Julien, par l'abbé de La Bleterie. *Par., Prault,*
1748, 2 vol. pet. in-8, v. m., fil.

163. Dictionnaire universel de Géographie moderne....., par
A. M. Perrot et Mᵐᵉ A. Aragon. *Par., Houdaille,* 1836, 2 t.
en 1 vol. in-4, cart. color. (59); d.-r.

164. Résumé de l'histoire de France, par Félix Bodin. — De

l'histoire de Naples et de Sicile, par S. D. (Santo-Domingo).
— De l'histoire de la républ. de Venise, par A. de Carrion-
Nisas. *Par., Lecointe et Durey,* 1825-26, 3 vol. in-18, d.-r.

165. Description historique de l'Italie en forme de dictionnaire,
par de L. M. (La Martinière). *La Haye, P. Gosse,* 1776, 2 vol.
in-8, 1 carte et 40 pl., cartonné.

166. Guide du Voyageur en Italie, par Richard et Mme Mariana
Starke. *Par., Audin,* 1833-34, in-12, cart. et pl., d.-r.

167. L'Hermite en Italie, ou Observations sur les mœurs et les
usages des Italiens.... (par de Villemaret). *Par., Gillet,* 1824,
3 vol. in-12, fig. d.-r.

168. Tablettes romaines, conten. des faits, des anecdotes et des
observ. sur les mœurs, les usages, les cérémonies, le gouvernement de Rome, par un Français... (Santo-Domingo).
Par., chez les march. de nouv., 1824, in-8, d.-r.
  Cet ouvrage a été saisi et condamné.

169. Italie : Royaume de Naples, par C.-D. de La Chavanne,
D. D. Farjasse; Toscane, par Saint-Germain Leduc. *Par.,
Audot,* 1834-35, gr. in-8, fig., cart.

170. Voyage d'un exilé de Londres à Naples et en Sicile...., par
le baron d'Haussez. *Par., Allardin,* 1835, 2 vol. in-8, br.

171. L'Italie telle qu'elle est : la Société italienne (par le bibl.
P.-L. Jacob), gr. in-8 (44 p.).
  Extr. de la *Revue de Paris,* 1829, tiré à 15 exemplaires.

172. Dell' epitome dell' Historia d'Italia di Franc. Guicciardini
libri XX, con diverse annotationi, etc. (da Fr. Sansovino).
Venetia, per ordine di Jac. Sansovino, 1580, pet. in-8, fig.
sur b., v. f., fil., tr. d.

173. Descrizione istorica del sacro real monistero di Monte Casino, con una breve notizia della fu antica città di Casino.....
Napoli, Raimondi, 1775, in-8, fig., cart.

174. Della eruzione del Vesuvio accaduta nel mese di agosto
dell' anno 1779, ragion. istor.-fisico del dottor Mich. Attumo-
nelli. *Napoli, stamp. Abbaziana,* 1779, in-8, gr. pl., carton.

175. Découverte de la maison de campagne d'Horace, ouvr.
utile pour l'intellig. de cet auteur et qui donne occasion de trai-
ter d'une suite considér. de lieux antiques, par l'abbé Cap-
martin de Chaupy. *Rome, J. Ughetti,* 1767-69, 3 vol. p. in-4,
pl. bas.

176. Les voyageurs en Suisse; par E. F. Lantier. *Par., F. Buisson,* 1803, 3 vol. in-8, d.-r.

177. Nouveau voyage en Suisse, par Hélène Maria Williams,
trad. de l'angl. par J. B. Say. *Par., Ch. Pougens,* 1802, 2 vol.
in-8, d.-r.

178. Itinéraire de Genève, des glaciers de Chamouni, du Valais

et du canton de Vaud, par Marc-Théod. Bourrit. *Genève, Paschoud,* 1808, in-12, carton.

---

179. Le Guide du voyage du Rhin depuis Schaffouse jusqu'en Hollande, par A. Schreiber, trad. par l'abbé Henry. *Heidelberg, J. Engelmann,* pet. in-8, carton.

180. Art de vérifier les dates. Tom. III de la 3ᵉ édit. *Par., A. Jombert,* 1787, in-fol., br. en cart.
> Ce volume renferme les comtes de Flandres, les barons des Pays-Bas, de l'Allemagne, etc.

181. Abrégé chronol. de l'histoire d'Angleterre, avec des Notes par I. G. D. C. (de Chevrières). *Amsterd., F. Changuion,* 1730, 7 vol. in-12, v. f.
> L'auteur, dans sa préface, établit un nouveau système d'orthographe, dans lequel Voltaire a beaucoup pris pour le sien : « Je n'ai pas fait de difficulté de réduire l'ortografe de certains mots à notre manière moderne de prononcer ; j'ai retranché toutes les lettres inutiles, sans m'embarasser de l'analogie. » On ne s'attend guère à trouver la discussion d'un système orthographique en tête d'une histoire d'Angleterre.

182. Histoire de Cromwel (par Raguenet). *Par., Cl. Barbin,* 1691, in-4, portr., v. br.

183. Lettres sur l'Egypte, où l'on offre le parallèle des mœurs anciennes et modernes de ses habitants..., par Savary. *Par., Onfroy,* 1785-86, 3 vol. in-8, cartes, v. éc., fil.

184. Voyage dans l'Empire ottoman, l'Egypte et la Perse, par Olivier. *Par., Agasse,* an IX, 3 vol. in-4, et atl. gr. in-4, d.-r.

185. Découvertes dans la Troade, Dissert. sur les monuments de la plaine de Troie, etc., extrait des Mém. de A. F. Mauduit. *Par., F. Didot,* 1840, in-4, fig., d.-r.

186. Résumé de l'histoire des Grecs modernes, depuis l'envahissement de la Grèce par les Turcs, jusqu'aux derniers événements..., par Armand Carrel (d'après les notes de M. Triantaphylos). *Par., Lecointe et Durey,* 1825, in-18, d.-r.
> Envoi de l'auteur. — Ce remarquable résumé a été écrit, disait l'auteur en 1825, « au moment où nous semblions toucher à la réconciliation entre les peuples et les gouvernements, quand tout marche à l'avenir dont l'Europe ne devait jouir qu'au prix des terribles leçons données au pouvoir et aux résistances populaires par leurs mutuels excès. »

---

187. Histoire philos. et polit. des établiss. et du commerce des Européens dans les deux Indes, par G. T. Raynal. Nouv. édit. d'après les mss. autogr. de l'auteur, précéd. d'une Notice par A. Jay ; term. par un vol. suppl. par Peuchet. *Par., A. Costes,* 1820, 12 vol. in-8, portr., avec atlas in-4, br.

188. L'Amérique septentrionale et méridionale, ou Descript. de cette grande partie du monde..., par une société de géogr. et d'hommes de lettres. *Par., E. Ledoux,* 1835, gr. in-8, fig., br.

II. *Histoire de France.*

189. Nouvel Atlas national de la France, par Charle, avec des augm., par Darmet. *Par., Dauty,* 1835, in-fol., d.-r.

190. Atlas géogr., statist. et progress. des départ. de la France et de ses colonies, par A. Perrot et Achin, gr. in-8, 94 cart. pliées, d.-r.

———

191. Essais sur l'histoire de France, par Guizot. *Par., Brière,* 1824, in-8. d.-r.

192. Histoire de François Ier, roi de France, par Gaillard. *Par., Foucault,* 1819, 5 vol. in-8, portr., d.-r., non rogné.

193. Histoire de la captivité de François Ier, par Rey. *Pdr., Techener,* 1837, in-8, br.

194. Histoire du roy Henry le Grand, par Hardouin de Perefixe. *Amst., L. et D. Elzevier,* 1661, petit in-12, mar. r., fil., tr. d.

195. Remonstrances très-humbles au roy de France et de Pologne Henri, troisième de ce nom, par un sien fidèle officier et subject (Nic. Roland), sur les désordres et misères de ce royaume, cause d'icelles, et moyen d'y pourvoir à la gloire de Dieu et repos universel de cet Estat. 1588, in-8, v. br.

196. Les Amours de Henri IV, roi de France (par la princesse de Conti), avec ses lettres galantes à la duchesse de Beaufort et à la marquise de Verneuil; on y a joint encore des anecdotes et différents portraits historiques. *Londres (Par.),* 1781, 2 vol. pet. in-12, mar. v., fil., tr. d.

197. Histoire de la maison de Bourbon (jusqu'en 1589), par Desormeaux. *Par., I. R.,* 1772-88, 5 vol. in-4, fig., v. éc., fil., tr. d.

198. Histoire de la maison de Montmorenci (jusqu'en 1695), par Desormeaux. *Par., Desaint,* 1764, 5 vol. in-12, portr., v. m.

199. Mémoires de la Régence du duc d'Orléans pendant la minorité de Louis XV (par de Piossens). *Amst., Z. Chatelain,* 1729, 3 vol. in-12, fig., v. gr.

200. Mémoires du marquis d'Argens...., précédés d'une Notice histor. sur sa vie, etc. (par Soulavie), et suiv. de ses lettres. *Par., Buisson,* 1807. in-8, fig., d.-r.

201. Précis historique de la Révolution française, par Lacretelle jeune. *Par., Treuttel et Würtz,* 1820, 6 vol. in-18, fig., d.-r.

202. Révolutions de Paris, par Prudhomme (précéd. de l'introduction à la Révolution), du 12 juillet 1789 au 27 nov. 1790, 72 num. en 5 vol. in-8, fig., d.-r.

203. Lettres bougrement patriotiques (400) du véritable père Duchesne (par Lemaire). *Par., de l'impr. de Châlon, et de la Soc. littér.,* 1790-92, 4 vol. in-8, d.-r.

Bel exemplaire. — Manquent les lettres 247 et 344.

204. La Trompette du père Duchêne, pour servir de suite aux
quatre cents *lettres bougrement patriotiques* (par Lemaire).
Par., Caillot et Courcier, 1792, 96 num., in-8, d.-r.
    Complet et bien conservé. — Rare.

205. Journal du bonhomme Richard (par Lemaire). *Par.,
Caillot*, 3e *année de la Rép.*, 70 num., in-8, in-18, d.-r.
    Complet. Barbier, dans son *Dictionnaire des Anonymes*, ne cite que
    69 numéros. — Bien conservé.

206. Histoire de la conjuration de Louis-Philippe-Joseph d'Orléans (par Montjoie). *Par.*, 1796, 6 t. en 3 vol. in-18, d.-r.
    On sait que les réimpressions modernes offrent plus ou moins de sup-
    pressions.

207. Essai sur la vie, les écrits et les opinions de M. de Males-
herbes, adressé à mes enfants, par le comte de Boissy d'Anglas.
Par., Treuttel et Würtz, 1819, 2 vol. in-8, d.-r.

208. Appel à l'impartiale postérité, par le cit. Roland, ou Recueil des écrits qu'elle a rédigés pendant sa détention... *Par.,
Louvet*, S. D., 2 part. en un vol. in-8, d.-r.
    Donné par l'éditeur à la citoyenne Gore...

209. Histoire des généraux et chefs vendéens, par J. Crétineau
Joly. *Par., Delloye*, 1838, in-8, br.

210. Témoignage d'un royaliste, par J.-S. Cazotte. *Par., Ad.
Leclerc*, 1839, in-8, br.
    Cet ouvrage, qui a passé inaperçu, renferme pourtant de bien curieux
    détails sur l'émigration et sur l'affaire de Quiberon.

211. Esquisses histor., psychol. et crit. de l'armée française, par
Joachim Ambert. *Saumur, Degouy*, 1837, 2 vol. in-8, fig., br.

212. Esquisse historique sur le maréchal Brune, publ. d'après
sa correspondance et les Mss. originaux, par le lieut.-colonel
L. B... (Brune fils). *Par., Rousseau*, 1840, 2 vol. in-8, br.

213. Mémoires pour servir à l'histoire de France en 1815 (par
Napoléon). *Par., Barrois*, 1820, in-8, plan, d.-r.

---

214. Description histor. de Paris et de ses plus beaux monuments, grav. en taille-douce par F. N. Martinet, pour servir
d'introd. à l'hist. de Paris et de la France, par Béguillet et
Poncelin. *Par., les auteurs*, 1779-81, 3 vol. in-8, fig., v. f.
    Dieu sait sous quel costume mythologique le dessinateur a représenté
    Louis XVI et Marie-Antoinette dans l'allégorie du frontispice !

215. Nouvelle description des curiosités de Paris, par J.-A.
Dulaure, *Par., Lejay*, 1785, 2 vol. in-18. — Nouv. descr. des
environs de Paris, par le même. *Ibid., id.*, 1786, 2 vol.
in-16. — Singularités historiques sur Paris et ses environs...
par le même. *Ibid., id.*, 1790; en tout 5 vol., carton.

216. Almanach parisien, en faveur des étrangers et des voyageurs, indiquant : 1° tous les monuments, etc. ; 2° les spectacles, les promenades, etc. ; 3° les châteaux, parcs, maisons
royales, etc. ; 4° tout ce qui peut être utile et nécessaire à savoir

pour un voyageur, etc. ; 5° un recueil d'anecdotes intéressan-
tes, etc. (par Hébert et Alletz). *Par., veuve Duchesne*, 1788,
in-32, fig., v. éc.

    Très-curieux et peu commun.

217. Histoire de l'Université depuis son origine jusqu'à nos
jours, par Eug. Dubarle. *Par., J. L. J. Brière*, 1829, 2 vol.
in-8, d.-r.

218. Essai historique sur la Bibliothèque du roi et sur chacun
des dépôts qui la composent (par Leprince). *Par., Belin*,
1782, in-18, cart.

219. Lettres (trois) des conservateurs de la Bibliothèque royale,
sur l'ordonnance du 22 fév. 1839, relat. à cet établissement
(réd. par Letronne et autres). *Par., H. Fournier*, 1839,
3 broch. in-8, 27, 52 et 63 p.

    Ces curieuses lettres ne se vendaient pas.

220. Les Fastes de Versailles, depuis son origine jusqu'à nos
jours, par H. Fortoul. *Par., Delloye*, 1839, gr. in-8, pap. vél.,
fig., rel. en velours bl.

221. Essai sur l'Histoire de Neustrie ou de Normandie, depuis
Jules César jusqu'à Philippe Auguste, suiv. d'une Esquisse
histor. de la province, de 1204 à 1788 (par le vicomte de
Toustain). *Par., Desenne*, 1789, 2 vol. in-12, carton.

222. Mémoires chronologiques pour servir à l'histoire de Dieppe
et à celle de la navigation française, avec un recueil abr. des
priviléges de cette ville (par Desmarquets). *Par., Desauges*,
1785, 2 vol. in-12, bas. rac.

223. Mémoire sur des tombeaux gallo-romains découverts à
Rouen, par E. H. Langlois. *Rouen, Baudry*, 1829, 2 pl. —
Rapport sur la date de la naissance de Pierre Corneille, par
Houel. *Rouen, Nic. Periaux*, 1828. — Du camp de César ou
cité de Limes, monument voisin de Dieppe, par P. J. Feret.
Dieppe, Marais, 1825, 1 pl. — Société archéologique de l'ar-
rondissement de Dieppe (séance du 27 déc. 1827). *Rouen,
Baudry*, 1828. — Considérations génér. sur l'utilité des bains
de mer, par Ch. L. Mourgué. *Par., J.-P. Rorel*, 1828. En
tout 5 p. en 1 vol. in-8, pl., d.-r.

224. Fêtes des bonnes gens de Canon et des rosières de Brique-
bec et de Saint-Sauveur-le-Vicomte ; avec le Supplément (par
l'abbé Le Monnier). *Par., Prault*, 1778, in-8, d.-r.

    Rare.

225. Histoire du siége d'Orléans, conten. une Dissert. sur la ville
et les environs en 1428 et 1429, sur les boulevarts et les bas-
tilles des Anglais. sur les armes en usage..., par Jollois. *Par.,
l'auteur*, 1833, pap. vélin, 7 pl. — Lettre à la Soc. des anti-
quaires de France, sur l'emplacement du fort des Tourelles de
l'ancien pont d'Orléans, par le même. *Ibid., id.*, 1834, 5 pl.,
en 1 vol. gr. in-4., d.-r.

226. Histoire de Bretagne, comp. sur les titres et les auteurs originaux, par dom G. A. Lobineau. *Par.*, *L. Guérin*, 1707, in-fol., sceaux grav., v. br. T. I.

227. Mémoires sur diverses antiquités du départ. de la Drôme, et sur les différ. peuples qui l'habitaient avant la conquête des Romains, ouvr. posth. de l'abbé Chalieu (précéd. de la vie de l'auteur), impr. par souscription et par les soins du maire de Tain (C. P. Jourdan). *Valence, Marc-Aurel* (1804), in-4, 2 pl. d.-r.

228. Les Soirées helvétiennes, alsaciennes et fran-comtoises (par le marquis de Pezay). *Amst.* (*Par., Delalain*), 1771, in-8, bas. éc.
> Beaucoup de chapitres de cet ouvrage intéressent l'histoire de l'Alsace et de la Franche-Comté.

III. *Antiquités.*

229. De la gloire et magnificence des anciens, enrichie de belles antiquitez recueill. de plus. bons autheurs et graves historiens, par Claude Malingre. (*Par.*), *J. Laquehay*, 1612, p. in-8, v. f., fil.
> Rare.

230. L'Antiquité dévoilée par ses usages, par Boulanger. *Amst.*, *M. M. Rey*, 1766, in-4, v. éc. fil.

231. Nouveau Recueil historique d'antiquités grecques et romaines en forme de dictionnaire, par Furgault. *Par.* , *Nyon*, 1809, in-8, d.-r.

232. Recueil d'Antiquités égyptiennes, étrusques, grecques et romaines, par le comte de Caylus. *Par.* , *Desaint et Saillant. Duchesne, Tilliard*, etc., 1741-67, 7 vol. in-4, 817 pl., et fig. dans le texte, v. éc., tr. d.

233. Dissertazioni dell' Academia romana di Archeologia, tomo primo, part. I. *Roma, de Romanis*, 1821, gr. in-4, XI pl., carton.

234. Discours de la Religion des anciens Romains, de la Castramétation et Discipline militaire d'iceux, des Bains et antiques Exercitations grecques et romaines, par Guil. du Choul. *Lyon, Guil. Roville*, 1581, 2 part. en 1 vol. in-4, fig. sur bois dans le tex., vél.

235. Explication d'une Inscription antique trouvée depuis peu à Lyon, où sont décrites les particul. des sacrifices que les anciens appellaient tauroboles (par Gros de Boze). *Par., P. Cot*, 1705, in-8, fig., br.
> La marge inférieure rongée par les souris.

236. Restitution du Bûcher d'Ephestion, décrit par Diodore de Sicile..., par Quatremère de Quincy. *Par., Rignoux*, 1828, pet. in-fol., pap. vél., 11 pl., cart.

237. Restitution du Char funéraire qui transporta de Babylone en Égypte le corps d'Alexandre, d'après la descript. de Diodore de Sicile, par Quatremère de Quincy. *Par., T. F. Rignoux*, 1828, pet. in-fol., III pl. dont une color., cart.

238. Restitution conjecturale du Demos de Parrhasius, d'après la descript. de Pline, par Quatremère de Quincy. *Par., T. F. Rignoux*, 1828, pet. in-fol., pap. vél., 1 pl., cart.

239. I Tali ed altri Strumenti lusorii degli antichi Romani, descritti da Fr. de' Ficoroni. *Roma, Ant. de Rossi*, 1734, in-4, II pl., v. br.

240. Lettres à M. le duc de Blacas d'Aulps, relatives au Musée royal égyptien de Turin, par Champollion le jeune. *Par., F. Didot*, 1824, in-8, III pl., d.-r.
     Très-rare. — Voir la note dans les additions du catal. Mionnet.

241. Quæstionem cur Plato Aristophanem in *Convivium* induxerit tentavit Car. Lenormant. *Par., F. Didot*, 1838.— Recherches sur l'origine, la destination chez les anciens, et l'utilité actuelle des hiéroglyphiques d'Horapollon, par Ch. Lenormant. *Ibid., id.*, 1838, in-4, d.-r.

242. Pierres gravées sur lesquelles les graveurs ont mis leurs noms, dessin. et grav. par Bern. Picard, tir. des princip. Cabin. de l'Europe, et expliq. par Ph. de Stosch, et trad. par de Limiers (franç. et lat.). *Amst., Bern. Picard*, 1724, in-fol., gr. pap., LXX pl., v. f.

243. Descriptio brevis Gemmarum quæ in museo G. S. R. J. L. baronis de Crassier... asservantur (ab ipso). *Leodii, Edw. Kints*, 1740, pet. in-4, typ. grav. dans le tex., v. f., fil.

IV. *Numismatique.*

244. Introduction à l'étude des Médailles, par A. L. Millin. *Par., impr. du Magas. encyclop.*, 1796, in-8, v. rac.

245. Bibliotheca nummaria, sive auctorum qui de re nummaria scripserunt, opera et studio Ansel. Banduri. *Lutet, Par.*, 1718, pet. in-fol., v. m.

246. Métrologie, ou Traité des Mesures, Poids et Monnoies des anciens peuples et des modernes (par Paucton). *Par., V⁴ Desaint*, 1780, in-4, v. porph., fil.

247. Métrologie, ou Tables pour servir à l'intelligence des poids et mesures des anciens, et principalement à déterminer la valeur des monnaies grecques et romaines, par de Romé de l'Isle. *Par., imp. de Monsieur*, 1789, in-4, v. rac.

248. Considérations générales sur l'évaluation des Monnaies grecques et romaines et sur la valeur de l'or et de l'argent avant la découverte de l'Amérique, par Letronne. *Par., F. Didot*, 1817, in-4, d.-r.

249. Giornale numismatico, opera periodica, etc., del F. M.

Avellino. *Napoli*, *Dom. Sangiacomo*, 1811, 2 tom. en 1 vol. in-4, v. pl., d.-r.

250. Mélanges de numismatique et d'histoire, ou Correspondance sur les médailles et monnaies des empereurs d'Orient, des princes croisés d'Asie, des barons français établis dans la Grèce, des premiers califes de Damas, etc., par N. D. Marchant, *Metz*, *Villy*, etc., 1818 et suiv., I à XIV et XVII *suites*, compren. 29 lettres., br.

> Le recueil de ces lettres étant très-rare, nous croyons devoir en donner la description.
>
> 1° *Mélanges*.....avec titre général, reproduit ci-dessus, comprenant les douze premières lettres; de 122 p. numér., plus 4 p. de titre, 4 de table et 2 *d'additions et corrections*; typ. grav. dans le texte, et 4 pl. séparées.
> 2° Lettre xiiie, faux titre, 9 p numér.
> 3° — xive, faux titre, 8 p. numér., 1 pl.
> 4° — xve, faux titre, 8 p. numér.; 1 pl.
> 5° — xvie, faux titre, 20 p. numér., 1 pl.
> 6° — xvii, faux titre portant ve *suite*, 24 p. numér., 1 pl.
> 7° — xviiie et xixe, faux titre portant vie *suite*, 17 p. numér., 3 pl.
> 8° — xxe et xxie, faux titre portant viie *suite*, 16 p. num., 2 pl.
> 9° — xxiie, faux titre portant viie *suite*, 12 p. num., 1 pl.
> 10° — xxiiie, titre : *Lettre à M. le chev. Gosselin... sur les Médailles des empereurs de Trébisonde*; Metz, de l'impr. de C. Dosquet, juin, 1827, 16 p. num., 1 pl.
> 11° — xxive, titre : *Lettre à M. D. O. Bonglie... sur les médailles des empereurs du nom de Théodore.* Metz, de l'imprim. de C. Dosquet, avril 1828, 12 p. num., 1 pl.
> 12° — xxve, faux titre portant xe *suite*, 8 p. num., 1 pl.
> 13° — xxvie, faux titre portant xiie *suite*, 11 p. num., 1 pl.
> 14° — xxviie, titre : *Lettre à M. G. Ainslie... sur le système monétaire introduit par l'empereur Dioclétien.* Par. Tillard (Metz), 1829, 16 p. num., 1 pl.
> 15° — *Lettre à M. Cattaneo... sur les médailles des emper. français de Constantinople.* Par. Tillard, 1829, 26 pl. num., 1 pl. avec cette désignation : *Lettre* xxviiii.
> 16° — *Mélanges de numism. et d'hist.*, xviie suite, première part. Metz, C. Dosquet, 1832, 38 p. num., 1 pl. cotée *Lettre* xvii.
> Il doit y avoir d'autres livraisons de ces *Mélanges*.

251. Études numismatiques et archéologiques, par Joachim Lelewel : type gaulois ou celtique. *Bruxelles*, *Voglet*, 1840, in-8, avec all. in-4 obl., en livraisons. T. I.

252. Revue de la Numismatique française (et Revue numismatique), publ. par E. Cartier et L. de La Saussaye. *Blois*, 1836-42, 7 vol. en livr., typ. grav., br.

---

253. Populorum et Urbium selecta Numismata græca, ex ære descripta ab Edv. Harwood. *Londini*, *J. Johnson*, 1812, in-4, pap. vél., vii pl. et typ. grav. dans le tex., d.-r.

> Ouvrage précieux.

254. Selectiora Numismata in ære maximi moduli e musco Fr. de Camps, interpretationibus per D. Vaillant illustrata. *Par.*, *Ant. Dezallier*, 1694, in-4, typ. grav., v. br.

255. Medales illustrées des anciens Empereurs et Impératrices

de Rome, par J.-B. Le Ménestrier, *Dijon, P. Palliot,* 1642,
in-4, typ. grav. dans le tex., vél.

256. De la Rareté des médailles romaines, ou Recueil conten.
les types rares et inédits..., par T. E. Mionnet. *Par., l'auteur,*
1827, 2 vol. in-8, pl., bas. rac.

257. A descriptive Catalogue of rare and unedited roman
Coins... to the extinction of the empire..., by J. Y. AKERMAN.
London, Eff. Wilson, 1834, 2 vol. gr. in-8, XXII pl. et typ.
grav. dans le tex., carton. angl.

258. Iconographie romaine, par le chev. E. Q. VISCONTI,
tom. I; continuat. par A. Mongez, tom. II à IV. *Par.,*
P. Didot, 1817-29, 4 vol. gr. in-4 et atl. in-fol. max. de
LXI pl., d.-r.
  Belles épreuves.

259. Notice sur l'attribution de quelques Médailles des Gaules,
inédites ou incertaines, par le marquis de Lagoy. *Aix, Pontier,*
1837, in-4, 47 p., 1 pl., br.

____

260. Traité des Monnoies des barons, ou Repres. et Explic. de
toutes les monnoies... qu'ont fait frapper les possesseurs de
grands fiefs, pairs, évêques, etc..., par P.-A. Tobiesen
Duby. *Par., I. R.,* 1790, 2 tom. rel. en 3 vol. gr. in-4, typ.
grav., br. en cart.

261. Numismatique du Moyen Age, considérée sous le rapport
du type..., par Joach. Lelewel, publ. J. Straszéwicz. *Par.,*
libr. polon., 1835, 3 part. en 2 vol. in-8, typ. avec atlas in-4
obl., d.-r.

262. Traité historique des Monnoyes de France, depuis le
commenc. de la monarchie jusqu'à présent, par Le Blanc.
Par., J. Boudot, 1690, in-4, fig., v. br.

263. Traité des Monoyes, de leurs Circonstances et Dépen-
dances, par Jean Boizard. *Par., Nic. Le Clerc,* 1697, in-12,
fig., v. br.

264. Observations sur le Type du moyen âge de la monnaie des
Pays-Bas, par Joachim Lelewel. *Bruxelles,* 1835, in-8, br.
  Tiré à 100 exempl.

265. Dissertation sur des Caractères angulaires des monnaies de
la Gaule belgique, comparés avec ceux qui ont été employés
en Laconie..., par Liénard. *Châlons-sur-Marne,* 1836, in-8
(26 p. autographiées).

266. Monnaie des Fous, par J. Lelewel. *Lille, Vanckère,* 1837,
in-8 (16 p.).
  Tiré à 50 exempl.

v. *Extraits, mélanges, etc.*

267. Histoire des plus illustres Favoris, anciens et modernes,
recueill. par P. D. P. (Pierre Dupuy), avec un journal de ce

qui s'est passé à la mort du mareschal d'Ancre (par Deàgent). *Leide, Jean Elsevier,* 1659, in-4, v. m. (mouillé).

268. Lettres originales de Mirabeau, écrites du donjon de Vincennes pendant les années 1777-80, conten. les détails sur sa vie privée, ses malheurs et ses amours avec Sophie Ruffei, marquise de Monnier, recueill. par P. Manuel. *Par., Garnery,* 1792, 4 vol. in-8, carton.

269. Mélanges législatifs, historiques et politiques pendant la durée de la constitution de l'an III, par Fél. Faulcon. *Par., Henrichs,* 1801, 3 vol. in-8, br. en cart.

270. Cornelii Nepotis Vitæ excellentium imperatorum. *Par., Bregeant.* — Phædri Fabularum æsopiarum libri quinque. *Ibid., id.,* 1837, gr. in-8, fig. sur bois, carton.

271. Liber Ignium..., ou Traité des feux propres à détruire les ennemis, composé par Marcus le Grec, publ. d'après deux Mss. de la Bibl. nation. (par La Porte du Theil). *Par., Delance et Lesueur.* — Hist. chronol. de l'Art du dessin d'après les Mss. de la Bibl. impér., III pl. (inachevé). — Christ. Theop. de Murr Mantissa ad inscript. extemporales classiariorum Pompeianorum. *Norimbergæ, Barero-Manniano,* 1793, 1 pl. — C. J. Chr. Reuvens Oratio de laudibus Archæologiæ... *Lugd.-Batav., Luchtmans,* 1819; en tout 4 part. en 1 vol. in-4, d.-r.

272. Mélanges, recueil factice, en 12 vol. in-8, d.-r.
Nous citerons seulement les principales pièces de ce curieux recueil.

T. I. Poëme lyrique sur la mort de Napoléon, par Pierre Lebrun. *Par., Béchet,* 1822. — Serment d'un médecin (par Cabanis). — Epître au roi, par M.-J. Chénier. *Par., impr. de Monsieur,* 1789. — Epître à Casimir Delavigne sur ses ouvrages, par Gust. Drouineau. *Par., Cellot,* 1823.

T. II. Le Concile œcuménique du ciel, ou les Cultes, poëme (par M. J. Chénier). *Par., Dabin,* an XI. — Le Consistoire, ou l'Esprit de l'Eglise, poëme hér.-com. en 6 chants (par Aristide Valcour). *Ibid., Lemaire,* an VII. — Portraits du jour, satire (par Desorgues?). *Ibid., chez les march. de nouveautés,* an XI. — Trois Nuits de Napoléon, par Gust. Drouineau. *Ibid., Amb. Dupont,* 1826. —Epître à la rime, avec des notes, par Rallier. *Ibid., Migneret,* 1808.—Alger, par F. Cuneo d'Ornano. *Roma, Salriucci,* 1830. — Alcune poesie di Giov. Belloni. *Napoli, N. Pasca,* 1830, etc.

T. III. Mémoire adressé au roi, en juillet 1814, par Carnot. *Par., Arnaud,* 1815.—Réflexions politiques sur quelq. écrits du jour et sur les intérêts de tous les Français, par de Chateaubriand. *Par., le Normant,* 1814. — Réflexions sur les Réflexions de M. de Chateaubriand. *Par., Delaunay,* 1815, etc.

T. IV. Lettre de M. Madier de Montjau à M. le comte de

Portalis... *Par.*, *Corréard*, 1820. — Lettre du même à M. Pasquier... *Ibid.*, id., 1820. — Du gouvernement oeculte, de ses agents et de ses actes, par le même, suivi de pièces officielles sur les troubles de Vaucluse...,*Ibid.*, id., 1820, etc.

T. VI. Traité élémentaire de bibliographie..., par S. Boulard. *Par.*, *Boulard*, 1804.—La Gageure, ou Lettre d'un rédacteur de l'article Spectacles dans le fameux feuilleton, à M... (par Gobet). *Par.*, *Dabin*, 1802. — La Revue des feuilletons du Journal de l'Empire, ou Critique des critiques de M. Geoffroy (par M. J. Chénier). *Ibid.*, id., 1807, etc.

T. VII. Notice sur la vie et les ouvrages de Quinault, suiv. de pièces relat. à l'établiss. de l'Opéra, par G. A. Crapelet. *Par.*, *Crapelet.*, 1824. — Notice sur la vie et les ouvrages de Demoustier, par F. V. Mulot. *Ibid.*, *Gillé*, an IX. — Lettre sur les peintures, gravures et sculptures qui ont été exposées cette année au Louvre, par M. Raphaël, peintre de l'académie de Saint-Luc, entrepreneur général des enseignes de la ville, faubourgs et banlieue de Paris, à M. Jérosme, son ami, rapeur de tabacs et riboteur (par L. Petit de Bachaumont?). *Ibid.*, *Delalain*, 1769. — Considérations morales sur la destination des ouvrages de l'art, ou De l'influence de leur emploi..., par Quatremère de Quincy. *Ibid.*, *Crapelet*, 1815. — Notice des estampes exposées à la Bibliothèque du Roi, conten. des recher. hist. et crit... (par A. Duchesne). *Ibid.*, *Leblanc*, 1819.

T. VIII. Essai historique sur cette question proposée par l'Institut national : Quelle a été l'influence de la Réformation de Luther...? par N. Ponce. *Par.*, *Gide*, an XIII. — Sur les inconvénients d'une religion nationale, c'est-à-dire d'un culte privilégié et salarié par l'Etat..., suiv. d'un plan d'organisation pour les différ. sociétés religieuses, par Guy Chaumonquitry, républicain français. *Harlem (Par.)* 1802. — Le Ciel ouvert à tout l'univers, par... J. J. (dom Louis), 1782. — La Fable de Christ dévoilée, ou Lettre du muphti de Constantinople à Jean-Ange Braschy, muphti de Rome (par Sylvain Maréchal?) *Par.*, *Franklin*, an II, fig.—Un Mot du plus ancien de tous les évangiles à N. S. P. le pape et à tous les prêtres..., par le cit. Spiess. *Ibid.*, *l'auteur*, S. D., etc.

T. IX. Direction des glaces des eaux et de l'atmosphère, déduite des relations de Ross et de Parry et de celles des plus célèbres voyageurs dans les mers arctiques, par Cadet de Metz. *Par.*, *l'auteur*, 1824. — Mémoire sur les travaux ordonnés dans les carrières sous Paris..., par C. A. Guillaumot. — Rapport de l'admin. des Travaux publics sur les cimetières, par le cit. Avril. — Notice sur la vie de Saladin, sultan d'Egypte et de Syrie, par Reinaud. *Par.*, *Dondey-Dupré*, 1824.— Rosière de Passais, ou Piété filiale de Jeanne Closier... (par l'abbé Le Monnier). *Ibid.*, *Jombert*, 1788, etc.

T. x. *Le Prisonnier d'Etat, ou Tableau histor.* de la captivité de J. C. G. le Prévôt de Beaumont, durant vingt-deux ans
deux mois, écrit par lui-même. *Par.*, 1791, fig.—Description
histor. de l'église métropolitaine de Notre-Dame de Rouen,
par A. P. M. Gilbert. *Rouen, J. Frère*, 1816, fig. — Quelques
Documents sur la bataille de Waterloo..., par le général Gé-
rard. *Par., Verdière*, 1829, etc.

T. xi. Stalles de la cathédrale de Rouen, par E. Hyac.
Langlois, avec une notice sur la vie et les travaux de l'auteur,
par Ch. Richard. *Rouen, Nicétas Periaux*, 1838. — Notice
sur l'incendie de la cathédrale de Rouen occasionné par la
foudre le 15 sept. 1822, et sur l'hist. monum. de cette église,
par E. H. Langlois. *Rouen*, 1823, fig. — Notice histor. sur
l'Académie des Palinods, par A. C. Ballin. *Ibid., Periaux*,
1834, fig., etc.

T. xii. Essai sur la peinture de paysage à l'huile..., suivi
d'une revue des différ. écoles depuis le quinzième siècle, par
H. Vander-Burgh. *Par., Columb-Bourgeois*, 1839. — Notice
sur Jean-Germain Drouais, par Miel. — Essai physiognomo-
nique sur le Poussin, par le même. — Notice sur N. M. Gat-
teaux, par le même. *Ibid., id.*, 1832. — Notice biogr. sur
Antonio Aldini, par A. G. Ballin. *Ibid., Nicétas Périaux*,
1836. — Notice historique sur la vie et les ouvrages de J. N.
L. Durand, par A. Rondelet. *Ibid., Pihan de la Forest*,
1835, etc.

273. Discours sur l'histoire de France, par L. A. Dingé (et Moreau). *Par., impr. de Monsieur*, 1790, pap. vél. — Recueil
de quelques vues de sites et monuments de France, spé-
cialement de Normandie..., par E. H. Langlois, 1re livr.
Rouen, Mari, 1817, fig. — Inscriptions françaises et latines
propos. pour divers monuments de Paris, par P. Ant. Rom.
Dubos. *Par., J. B. Sajou*, 1810.—Eloge de Pierre Corneille,
par J. J. Victorin Fabre. *Ibid., Baudouin*, 1808. — De la
nature de l'Originalité, et des deux principales méprises dont
cette qualité est l'objet, par Quatremère de Quincy (sans
titre). — Sur la statue antique de Vénus découverte dans l'île
de Milo en 1820... Notice par le même. *Par., Debure*, 1821,
fig. — Notice des travaux de la classe des Beaux-Arts depuis
le 1er oct. 1808 jusqu'au 1er oct. 1809, par Joach. Le Breton.
— Notices historiques sur la vie et les œuv. de Vincent, de
Dejoux, de Lecomte, de Roland, de Méhul, etc., lues à
l'Acad. des beaux-arts, par Quatremère de Quincy. —Necro-
logia di Tommaso Piroli, romano intagliatore in rame, scritta
da Luigi cardinali. *Roma, Franc. Bourlié*, 1824; le tout en
1 vol. in-4, d.-r.

274. Journal des jeunes personnes. *Par.*, 1833-36, 4 vol. in-8,
fig. et mus., v. vert, fers à fr., tr. d.

275. Catalogue des Mss. samskrits de la Bibl. impér., avec
     des notices..., par A. Hamilton et L. Langlès. *Par., A. bibliog.*
     1807, in-8, d.-r.

276. Les Manuscrits français de la Bibliothèque du Roi, leur
     Histoire et celle des textes allem., angl., holland., ital., espag.,
     de la même collect., par Paulin Paris. *Par., Techener*, 1836,
     in-8, d.-r. (T. Ier.)

   Cet excellent ouvrage est maintenant arrivé à son quatrième volume.
C'est à la fois une œuvre d'érudition et de dévouement.

277. Sommaire d'un opuscule intitulé : Essai théor. et prat. sur
     la conservation des Bibliothèques publiques (par feu M. Foisy).
     Par., Lacherardière, 1832, in-8, 36 p. — Bibliothèque
     royale : travaux du catalogue (par le même). *Par., Bourgogne
     et Martinet*, 1835, in-8, 16 p.

   Opuscules tirés à 60 ou 75 exempl. chacun.

278. Dissertation sur les Bibliothèques publiques de Paris, par
     P. L. Jacob, bibl. *Par., Techener*, 1840, in-8, 40 p., pap.
     vél. (T. à 50 ex. numér.)

279. Catalogue des livres de la Bibliothèque du Conseil d'Etat,
     (par A. A. Barbier). *Par., impr. de la Rép.*, an XI, 2 tom.
     en 1 vol. in-fol., d.-r., non rogné.

280. Catalogue des livres et estampes de la Bibl. de Pajot,
     comte d'Onsenbray. *Par., Gab. Martin*, 1756, in-8, parch.
     (*Prix.*)

FIN.

Imprimerie de Beaulé et Turpis, rue Lemercier, 24. Batignolles.